Che
bienve

Geronimo Stilton

L'Écho du rongeur
Rédaction

Texte de Geronimo Stilton.
*Basé sur une idée originale d'*Elisabetta Dami.
*Coordination des textes d'*Isabella Salmoirago.
Coordination éditoriale de Patrizia Puricelli.
Édition de Viviana Donella.
Coordination artistique de Roberta Bianchi.
Assistance artistique de Lara Martinelli.
Couverture de Giuseppe Ferrario *(dessins)*
et Giulia Zaffaroni *(couleurs)*.
*Illustrations intérieures d'*Alessandro Muscillo *(dessins)*
et Christian Aliprandi *(couleurs)*.
Cartes : Archives Piemme.
Graphisme de Chiara Cebraro.
Traduction de Marianne Faurobert.

www.geronimostilton.com

Blog : albinmicheljeunesse.blogspot.com
Loi 49-956 du 16 juillet 1949 sur les publications destinées à la jeunesse
Dépôt légal : premier semestre 2014
Numéro d'édition : 20883
ISBN-13 : 978 2 226 25503 7
Imprimé en France par Pollina s.a. en mars 2014 - L67424B

Geronimo Stilton

GERONIMO, L'AS DU VOLANT

ALBIN MICHEL JEUNESSE

Dans un laboratoire secret, au trentième sous-sol d'un quartier de Sourisia tenu secret, se cache SOLAR, une voiture-robot aux circuits électroniques sophistiqués, unique au monde.

Elle voit, elle entend, et elle est même douée de la parole (euh... elle est un peu trop bavarde, hélas). Cette voiture ne connaît qu'un seul pilote : c'est lui, c'est bien lui... Geronimo Stilton !

Voici l'histoire de leur rencontre !

C'ÉTAIT UNE DOUCE MATINÉE DE PRINTEMPS…

C'était une douce matinée de **PRINTEMPS**, de celles où l'on se dit que la vie nous **SOURIT** et que le monde est merveilleux… Je sortis en sifflotant de chez moi (j'habite au 8, rue du Faubourg-du-Rat) et me **DIRIGEAI** vers mon bureau, qui se trouve au 13 de la rue des Raviolis…

Geronimo

En CHEMINANT sur le trottoir, je passai devant le kiosque et jetai un coup d'œil aux gros titres à la une. Puis j'achetai ma **REVUE** préférée, *le Collectionneur de fromages*. Je ne la manque jamais, parce que je… heum… j'adore ma collection de croûtes de fromage anciennes du XVIIe siècle. Je m'arrêtai au BAR habituel, et le barman, Bongo Disloque, me servit mon cappuccino habituel, dans lequel je trempai un croissant fourré de maroilles.

Après quoi, je passai devant la vitrine de la librairie située place de la Pierre-qui-Chante, et je fus fort

satisfait d'y voir exposé l'un de mes best-sellers, *le Royaume des Rêves*.

Une rongeuse âgée me reconnut et me demanda un autographe.

– Qu'allez-vous écrire dans votre prochain LIVRE, monsieur Stilton ?

Je rougis de confusion (je suis un gars, *ou plutôt un rat*, timide, et je ne me suis pas tout à fait habitué au succès) et je lui répondis :

– Hum, je n'ai encore rien décidé, madame, mais j'y réfléchis...

Et je poursuivis mon chemin, DROIT vers

mon bureau. Tout en marchant, je pensais aux gros titres que je venais de lire à la une des journaux. Pendant la nuit, quelqu'un avait dérobé la rivière de diamants ayant appartenu à la reine Chrysophile, conservée au Musée national de Sourisia ! Qui pouvait bien avoir fait cela ?

ABSORBÉ dans mes pensées, je descendis du trottoir, mais soudain… j'entendis un **CRISSEMENT**

de freins. Je me retournai d'un coup et je vis une chose jaune FONCER sur moi !
Je tentai un bond sur le côté, mais il était trop tard, et je fis un vol plané avant de m'écraser par terre, en plein milieu de la chaussée.

BLAAAAAANG !

TOUT EST TA FAUTE, GERONIMO !

Penchés au-dessus de moi, plusieurs rongeurs me **REGARDAIENT**, effarés. Je reconnus le museau du kiosquier, le museau du barman et celui de la rongeuse âgée…

Et tous s'ÉGOSILLAIENT :

– Est-ce que ça va, monsieur Stilton ?

Parmi toutes ces voix, l'une me parut familière. Elle me **RAPPELAIT** quelqu'un, mais qui ? Cette voix-là chicota :

– Est-ce que ça va, Stilton*itou* ?

Je répondis :

– Euh, suis-je encore vivant… ou pas ?

À ce moment-là, j'entendis la SIRÈNE d'une ambulance qui approchait et je m'évanouis… Quand je revins à moi, partout je ne vis que du blanc, du blanc, du blanc…

Pendant un instant, j'eus peur d'avoir claboté, puis je ressentis une grande **DOULEUR** à la queue, et je compris que j'étais toujours en vie !

Je me trouvais à l'hôpital, entouré des rongeurs qui m'avaient secouru, et une infirmière posait un BANDAGE sur ma queue.

Je gémis :

– Ouille ouille ouille ! Que m'est-il arrivé ?

– Vous vous êtes **CASSÉ** la queue, monsieur Stilton, répondit l'infirmière. Vous avez eu un accident.

Je grommelai :
– Un accident ? Ah oui, le kiosque, je veux dire, le bar, ou plutôt l'*autographe*, enfin, la librairie, et… Ça me revient, ça y est, voilà, en effet, j'étais en train de **TRAVERSER** la rue quand…
Et tout à coup je me souvins de tout : quelqu'un m'avait **RENVERSÉ** ! Alors je me mis à *glapir*, indigné :

– Mais qui est donc cette tête de reblochon, ce surmulot fétide, cette **DEMI-PORTION** de rat d'**ÉGOUT** qui a failli me rouler dessus ?

Une voix familière couina :

– C'est moi, Stilton*itou*...

Je me retournai et je vis mon ami d'enfance, Farfouin Scouit. Je m'écriai :

– TOI ? MAIS POURQUOI ? POURQUOI POURQUOI POURQUOI M'AS-TU RENVERSÉ ?

Toute la compagnie répondit à sa place, en hochant la tête :

– Pour une raison très simple, monsieur Stilton... Vous étiez distrait, trèèès distrait, et vous avez traversé alors que le bonhomme était rouge !!!

UNE ÉNORME PEAU DE BANANE, UNE PEAU DE BANANE GÉANTE !

C'est alors que la porte des Urgences s'ouvrit toute grande, et que ma famille entra. Tous s'écrièrent en chœur :

– Geronimo, tu es vivant ! Tu as failli y laisser ton pelage. Il s'en est fallu d'un poil de moustache...

L'infirmière acheva son bandage et je pus quitter l'HÔPITAL, en compagnie des miens. Pauvre de moi, ils n'en finissaient plus de m'accabler de reproches.

Chacun me le disait à sa façon, mais l'idée était la même : tout était ma faute !

Grand-père Honoré :

– Toujours à te fourrer dans le PÉTRIN, gamin !

Tante Toupie :

– Mon petit, tu aurais dû faire attention…

Téa :

– Distrait, comme d'hab, Ger ?

Traquenard :

– Où avais-tu la tête, cousin ? Dans les **NUAGES**, pour changer ?!

Benjamin :

– Tonton, mais à quoi tu pensais ?

Farfouin :

– Je vais vous le raconter, moi, comment ça s'est passé : je conduisais la **bananamobile**, vous la connaissez, non ? C'est une énorme voiture jaune en forme de banane, difficile de ne pas la remarquer... J'allais passer au feu vert, quand tout à coup il a surgi devant moi ! Par chance, je ne roulais pas vite ! J'ai même klaxonné, mais rien à faire, il a déboulé du trottoir alors que le bonhomme était rouge, il avait la tête dans les nuages, je vous le jure...

Tout le monde approuva :

– Hélas, nous le savons tous ! Geronimo a **toujours** la tête dans les nuages !

J'étais vraiment très vexé, et je lançai à Farfouin À MI-VOIX :

– Tu parles d'un ami !

Il ricana :

– Tout est ta faute, Stilton*itou* ! La prochaine fois, regarde mieux et passe quand le *'tit* bonhomme est *tout* vert !

Pour retrouver un peu de SÉRÉNITÉ, je décidai de me rendre à mon bureau, mais malheureusement mon grand-père décréta :
– Je t'accompagne, gamin, comme ça je t'aurai à l'ŒIL… Il faut te marquer à la culotte, gros nigaud !
Je venais tout juste d'arriver à la rédaction, avec un bandage sur la queue et le cerveau EMBRUMÉ, quand ma collaboratrice Pimentine Pimenta s'approcha de moi et me murmura à l'oreille :
– Salut, Geronimo, une personne importante t'attend dans ton bureau…
Elle baissa encore d'un ton :
– C'est le maire, en PELAGE et en moustaches !
Éberlué, je m'exclamai :
– *Par mille mimolettes*, quel HONNEUR !
Lorsque j'entrai dans mon bureau, le maire, Honoré Souraton, m'accueillit cordialement :
– Bonjour, monsieur Stilton ! Hé, bonjour, monsieur Tourneboulé ! J'ai une excellente nouvelle pour vous.

La ville doit choisir une maison d'édition *engagée* d'un point de vue social, pour une mission très prestigieuse… et nous avons pensé à vous.

Grand-père se retroussa une moustache, tout fier.

– Bien bien bien… de quoi s'agit-il ?

Le maire poursuivit :

– Eh bien, voilà : la ville doit éditer une brochure à distribuer dans toutes les écoles de Sourisia, pour expliquer aux enfants la sécurité routière ! Vous n'imaginez pas combien de personnes,

y compris parmi les adultes, n'ont aucune idée des règles à suivre pour CIRCULER dans les rues de Sourisia.

Grand-père me lança un regard TORVE.

– Oh que si ! J'imagine ça très bien !

Je ROUGIS.

– Ah, hum, bien sûr…

Le maire conclut :

– Enfin, bien que nous ayons reçu plusieurs offres de maisons d'édition CONCURRENTES (celle de *la Gazette du rat*, de Sally Rasmaussen, par exemple), nous souhaitons que ce soit *l'Écho du rongeur* qui réalise ce petit livre !

Rien qu'à entendre NOMMER *la Gazette du rat* et notre ennemie numéro un, Sally Rasmaussen, grand-père devint cramoisi.

SALLY RASMAUSSEN

C'est la directrice sans scrupule de *la Gazette du rat*. Sa devise est : « Si on n'a pas l'information, on l'invente, non mais alors ! »

– Vous avez bien fait de vous adresser à nous, ne contactez personne d'autre, entendu ? Nous éditerons un livre au poil, au quart de poil. Nous sommes calés en sécurité routière, nous autres, pas vrai, Geronimo ?

– Bien sûr ! m'EMPRESSAI-je de répondre.

Cependant, le maire remarqua le BANDAGE sur ma queue.

– Mais… monsieur Stilton, que vous êtes-vous fait à la queue ?

– Oh, rien ! tentai-je de minimiser.

Le maire insista :

– Comment cela, rien ? Et pourquoi ce BANDAGE ? Que vous est-il arrivé ? Vous avez eu un accident ?

Grand-père intervint :

– Eh bien, mon petit-fils a… glissé sur une peau de banane, voilà, une énorme peau de banane, si l'on peut dire.

Tout ahuri, j'écarquillai les yeux.

– Hein ? Quelle peau ? Quelle banane ?

Mais grand-père me ficha un coup de patte en douce et continua :

– C'était la peau d'une banane énorme, une banane **géante** ! Pas vrai, gamin ?

Je me dépêchai d'approuver :

– Énorme ! Une banane jaune, grande comme... comme une **VOITURE** !

Le maire reprit :

– Ah... J'ai cru un instant que vous non plus vous ne saviez pas circuler sur la **ROUTE** ! Mais revenons à nos affaires : dans une semaine, votre maison d'édition présentera officiellement cette **brochure**, sur la place principale de Sourisia. Tous les journalistes et toutes les télévisions de l'île des Souris seront là. Quant à vous, monsieur Stilton, vous conduirez sur un circuit spécial, afin de montrer un exemple de conduite sûre.

– Euh, moi ? Je devrai conduire devant tout le monde ?

– Oui, où est le PROBLÈME ? Vous avez votre permis, bien sûr ? Vous conduisez dans les rues de Sourisia, n'est-ce pas ?

Il me FIXA, et grand-père aussi me FIXA, et j'eus comme un frisson... mais je souris.

– Évidemment que j'ai mon permis, je l'ai depuis mes DIX-HUIT ans !

Il me retourna un sourire.

– Et, bien entendu, vous le faites renouveler tous les dix ans, comme l'exige le code de la route de Sourisia... Vous avez collé dessus les timbres de renouvellement...

Planté là, un sourire TRANSI

aux lèvres, je vérifiai fiévreusement mon permis. Scouiiiit, je ne l'avais jamais fait renouveler ! J'avais complètement oublié… D'ailleurs, je n'utilise jamais de voiture !

Grand-père me scruta en haussant un sourcil.

– Un problème, gamin ?

J'essuyai une goutte de sueur sur mon front.

– Non, tout est en ordre (*ou presque !*).

FÉLICITATIONS, C'EST UN RECORD !

À ce moment-là, le maire se leva pour partir.

– Parfait, monsieur Stilton, nous vous attendons donc dans une semaine pour la CÉRÉMONIE. Et n'oubliez pas votre permis ! Hé, hé !

Je m'efforçai de plaisanter moi aussi :

– Mais bien sûr, mon permis, aucun souci, ha, ha, ha !

J'étais pris de PANIQUE : mon permis était périmé ! Je ne pourrais jamais conduire pendant la cérémonie officielle !

Quelle tragédie assourissante !

Je n'osai rien dire à mon grand-père, mais je fonçai téléphoner à Patty Spring, ma meilleure amie (*euh, pour être honnête, j'espère encore qu'un jour ou l'autre elle devienne un peu plus que cela, c'est-à-dire ma fiancée, mais...).*

Donc, je l'appelai, et elle, déterminée comme toujours, me conseilla :

– File tout de suite dans une auto-école de confiance. Demande-leur ce que tu dois faire, il est peut-être encore temps pour le renouvellement...

Puis elle ajouta :

– Il y a une auto-école juste au COIN de ta rue, non ?

Je me souvins qu'en effet il y avait là une petite

agence qui annonçait : **«Conduite sûre, et même ultra-sûre».**

Je remerciai Patty et je m'y rendis aussitôt. Je fus accueilli par une souris à l'allure **maternelle**, qui chicota d'une voix douce et rassurante :

– Bonjour, puis-je vous aider ?

Je tentai de m'expliquer :

– Alors voilà, j'ai mon permis, bien entendu, mais c'est comme si je ne l'avais pas, **c'est-à-dire** qu'en fait, depuis dix ans, j'aurais dû… et je ne l'ai pas fait… mais peut-être peut-on arranger tout cela et…

Derrière moi, une voix **SONORE** retentit :

– Abrégeons : montrez-moi ce permis, je vous prie.

C'était le responsable de l'agence, Ratophe Bonpilote : un rongeur aux yeux **brillants** comme des olives noires et aussi perçants que des lames, vêtu d'un élégant costume couleur beaufort, avec cravate assortie.

Plein d'espoir, je lui tendis mon permis.

Mais après un **rapide** coup d'œil, il conclut, en secouant la tête :

– J'ai deux nouvelles à vous annoncer, deux :

1) votre permis est périmé

2) vous devez repasser l'examen de conduite.

Puis il se lança dans une salve d'explications :

– Pour repasser votre permis il vous faudra évidemment, naturellement, pratiquement, réussir l'examen :

1) théorique
2) pratique.
J'étais au bord des larmes.
– Quoi quoi quoi ? Je dois repasser l'examen théorique ? Et aussi l'examen pratique ??? Mais d'abord je n'en ai pas BESOIN : j'ai mon permis depuis des années, même si je ne conduis jamais, et puis je n'en ai pas le temps ! Je suis un gars, *ou plutôt un rat*, très occupé…
Mais déjà il m'avait flanqué dans les pattes une feuille avec dix questions.
– Chut chut chut ! Puisque vous me dites (et c'est vous qui le dites, pas moi !) que vous êtes au point, répondez donc à ce QUESTIONNAIRE et nous verrons si c'est vrai.
Je parcourus la feuille et je devins blême.

JE N'Y COMPRENAIS CROÛTE !

Je répondis tant bien que mal, puis je lui rendis le

questionnaire et il se mit à tracer dessus de grands traits rouges, avant de conclure :

– Aucune bonne réponse, félicitations, c'est un record !

C'EST PARTI POUR LES ENNUIS !

J'étais **DÉSESPÉRÉ**.

– Mais dans une semaine je devrai conduire devant tout le monde ! Il y aura le maire, les journalistes et les télévisions de toute l'île des Souris !

Les moustaches ENTORTILLÉES par l'angoisse, je me mis à gémir :

– Je vous en prie, monsieur Ratophe, aidez-moi ! Qu… que me conseillez-vous de faire ?

Il haussa le sourcil gauche.

– C'est très simple :

1) un bon cours théorique

2) un bon cours pratique.

Après quoi, vous passerez un petit examen ; ce sera un jeu d'enfant si vous faites ce que je vous dis, et un vrai CAUCHEMAR si vous ne vous accrochez pas.

– Je m'accrocherai ! lui promis-je.

– Si c'est nécessaire, je vous GRONDERAI, compris ?

– D'accord, grondez-moi, mais aidez-moi à résoudre ce PROBLÈME de permis !

Il haussa le sourcil droit.

– Voici la voiture de l'auto-école. Préparez-vous pour la **PREMIÈRE LEÇON** !

J'attachai ma ceinture, je mis le clignotant à gauche,

je vérifiai le RÉTROVISEUR et je fis timidement avancer la voiture, mais Ratophe beugla :

– ON REGARDE ON REGARDE ON REGARDE ! On ne veut pas se faire écrabouiller, pas vraiiii ?

Je regardai alors mieux les rétroviseurs extérieurs, puis je me mis à ROULER, tandis qu'il me criait aux oreilles :

– Monsieur Stilton, tournez à GAUCHE, et

maintenant à **DROITE**… ralentissez… accélérez… freinez ! Accélérez de nouveau, et puis tournez à **DROITE**, et à **DROITE**, et encore à **DROITE**, et ensuite tout droit vers… Où sommes-nous d'après vous ? Hein ? Dites-le-moi, monsieur Stilton, je veux que vous soyez toujours attentif, vigilant, aux **agueeeets** !

Et je tournais comme un nigaud en suivant les indications dont il me mitraillait :

– MARCHE AVANT ! MARCHE ARRIÈRE ! Droit' ! Gauch' ! Stoooop !!! Freinez ! Mais nooon, pas comme ça ! Vous voulez nous faire emboutir ? Non, **accélérez** maintenant, vous ne voyez pas que nous bloquons la circulation ? Oh, mais vous avez des tranches de mozzarella sur les yeux, ou quoi ? Ce sont les BANDES d'un passage piétons, pas les rayures d'un zèbre, les piétons ont la priorité, compris ? Que faites-vous, là, cette rue est en sens unique ! Vous voyez la flèche sur ce panneau bleu ? Et ce sens interdit ? Raperlipopette, écoutez-moi tous ces coups de klaxon… et ces INSULTES (que je ne répéterai pas, c'est à vous qu'elles s'adressent) ! Savez-vous ce que ça signifie ? Que vous ne sa-vez pas con-dui-re !

Là-dessus, il se remit à me tourmenter (*pour mon bien !*) :

– Et maintenant, toujours plus DIFFICILE : en conduisant, monsieur Stilton, vous ne devez pas vous laisser distraire, même quand je vous pose des questions ! Je veux que vous gardiez toute votre CONCENTRATION !!! Alors, dites-moi, comment vont les affaires ? Quel est le prénom de votre sœur ? Quel âge a-t-elle ? Combien font 3 fois 6 divisé par 2 plus 18 moins 3* ? On répond on répond on répond !

Je bégayai :

– Eu... euh...

Il hurla :

– Tournez tout de suite à DROITE et prenez l'avenue !

* Le résultat est : 24 !

Là, il écrasa la pédale de frein.

– Attentiooooon ! Vous n'avez pas vu ce stop ? Arrêtez-vous ou nous allons nous faire aplatir comme des crêpes ! Gare à la moto, elle a la priorité ! Et ce camion débordant de fumier ? Impossible de le doubler, même s'il empeste, il y a la ligne continue !

Et il continua :

– Gardez votre distance de sécurité, nous sentirons moins cette PUANTEUR et nous éviterons aussi :

1) de l'emboutir

2) de nous faire renverser sur la tête son chargement malodorant !

Et ce vilain petit bruit ? Vous avez perdu la moitié d'un pare-chocs ! Pour ne rien dire de ce PARKING où vous avez failli détruire un muret ! Vous l'avez loupé, mais d'à peine un centimètre… Et cette AMBULANCE toutes sirènes hurlantes ? Laissez-la passer ! Mes félicitations, vous réalisez un nouveau record : dix infractions en une heure seulement !!!

Il secoua la tête, affligé, puis reprit :

– Deux solutions pour cette cérémonie officielle avec le maire : soit vous trouvez une doublure, soit… vous vous y mettez sérieusement !

Je baissai le museau, humilié.

– Dites-moi ce que je dois faire…

Il haussa les deux sourcils.

– Tous les matins à 7 heures tapantes, leçon de code, puis leçon de conduite. Ainsi, peut-être réussirez-vous l'examen… Mais je vais être sincère : vous êtes un cas dé-ses-pé-ré !

MA PREMIÈRE JOURNÉE D'AUTO-ÉCOLE... SNIFF !
1. J'AI FAILLI RENVERSER UNE RONGEUSE SUR UN PASSAGE PIÉTONS !!!
2. OUPS ! JE N'AI PAS RESPECTÉ UNE PRIORITÉ...
AUTO-ÉCOLE
3. J'AI PRESQUE EMBOUTI UN CAMION DE FUMIER !!! BERK !
AUTO-ÉCOLE
4. J'AI DÉFONCÉ UNE BORNE EN MARCHE ARRIÈRE...
AUTO-ÉCOLE
P
5. J'AI EU DES SOUCIS DE CRÉNEAU...
AUTO-ÉCOLE

6. ET 7. J'AI COUPÉ LA ROUTE AU CAMION DES POMPIERS ET J'AI BLOQUÉ LE PASSAGE D'UNE AMBULANCE !!!
8. JE SUIS MONTÉ SUR LE TROTTOIR DANS UN VIRAGE...
9. J'AI PRIS UN SENS INTERDIT ET...
10. ... POUR FINIR EN BEAUTÉ, J'AI MÊME OUBLIÉ DE M'ARRÊTER AU STOP !!! PAUVRE DE MOI...
STOP
Vous êtes un cas désespéré, monsieur Stilton !

VOUS ÊTES UN DANGER PUBLIC !

À partir du lendemain, ponctuel, je me présentai tous les matins à mes leçons à 7 heures pile ; après quoi, je fonçai à la maison pour y écrire la brochure d'éducation à la sécurité routière.

Au matin du quatrième jour, Ratophe m'accueillit en RICANANT d'un air sadique :

– Bien bien bien, voyons si nous sommes au point…

D'un geste théâtral, il me montra un immense tableau affichant d'INNOMBRABLES panneaux de signalisation routière, puis il me bombarda de questions :

– Ce triangle avec la pointe en Bas, que signifie-t-il ? Et celui-ci, avec la pointe en Haut ?

Et ce rond bleu marqué d'une flèche vers la GAUCHE ? Et celui avec une flèche à DROITE ? Hein hein hein ?

J'étais complètement perdu et je lançai des réponses au hasard :

– Piste cyclable… ou non, plutôt, passage interdit aux bicyclettes ? Euuh, repasser les triangles ? Attention, interrogation de géométrie ? Ou bien, laisser la priorité ? Ou alors… stop ?

SCOUIIIIT ! JE N'Y COMPRENAIS CROÛTE !

APPRENEZ À RECONNAÎTRE LES PANNEAUX

LES PANNEAUX CIRCULAIRES

Quand vous voyez un panneau rond de couleur ble
vous devez savoir qu'il s'agit d'une **OBLIGATION**.
Si en revanche le panneau est rond et entouré

CIRCULATION INTERDITE

Sur cette route, la circulation est interdite dans les deux sens.

LIMITATION DE VITESSE

PISTE OBLIGATOIRE POUR LES CYCLES

ACCÈS INTERDIT AUX CYCLES

(cycle=vélo)

S'ARRÊTER ET LAISSER LA PRIORITÉ

SENS INTERDIT

On ne peut pas entrer dans cette rue par ce côté, elle est en sens unique. Passer par un sens interdit est dangereux, même à vélo !

d'un liseré de couleur rouge, il s'agit d'une **INTERDICTION**. Mais parmi les panneaux reproduits sur ces deux pages, l'un est différent de tous les autres, lequel* ?

SIGNAUX SONORES INTERDITS

Ici, on n'a pas le droit de klaxonner !

CHEMIN OBLIGATOIRE POUR PIÉTONS

ACCÈS INTERDIT AUX PIÉTONS

STATIONNEMENT INTERDIT

Ici, on n'a pas le droit de stationner !

DIRECTION OBLIGATOIRE :

TOURNER À GAUCHE

TOURNER À DROITE

* Le panneau différent de tous les autres est celui du STOP : il n'est pas rond, c'est un octogone (il a huit côtés) et il est rouge avec une inscription blanche. Mais il fait tout de même partie des panneaux d'obligation !

LES PANNEAUX TRIANGULAIRES

Les panneaux triangulaires signalent l'existence d'un **DANGER**. Chaque fois que vous en voyez un, vous devez donc être très prudents. Tous sont bordés de rouge, avec des symboles noirs sur fond

DANGER !

Il y a un danger dans les parages.

C'est là qu'il faut traverser !

PASSAGE POUR PIÉTONS

ENDROIT FRÉQUENTÉ PAR LES ENFANTS

Beaucoup d'enfants passent par ici (il y a une école à proximité, par exemple)...

DESCENTE DANGEREUSE

Attention, la pente est très raide !

RISQUE D'INCENDIE

Attention aux feux, dans cette zone !

blanc, et l'une de leurs trois pointes est tournée vers le haut. Le fond peut être jaune quand le danger signalé est temporaire, le plus souvent quand des travaux sont en cours. Mais deux de ces panneaux sont différents des autres, lesquels* ?

* Le premier panneau différent est le rectangle, le second est le triangle avec la pointe en bas (tous les autres ont la pointe tournée vers le haut). Mais ce sont aussi des panneaux de danger, il est donc important de les respecter !

Il leva les pattes au ciel.
– Je n'y crois pas ! Heureusement que votre permis est périmé, vous êtes un danger public ! Un cataclysme ambulant ! Un chauffard redoutable ! Mais je vais m'occuper de votre cas. Vous allez VOIR ça.
Après le cours théorique, je suivis ma leçon de conduite pratique, puis je rentrai chez moi avec la tête qui tournait. Comme tous les jours de cette terrible semaine, à peine arrivé, je me mis à écrire la brochure d'éducation à la SÉCURITÉ ROUTIÈRE en m'efforçant d'expliquer l'importance du respect des règles du code de la route.
Il ne me restait que trois jours avant la remise, je travaillai donc toute la journée et toute la NUIT. Quand j'eus terminé, je l'envoyai par courrier électronique à la rédaction pour la relecture. Puis je m'écroulai, ENDORMI, le museau sur le clavier de mon ordinateur portable, et je rêvai d'un agent

de police géant. Il me flanquait une amende en SECOUANT la tête.

– Ce n'est pas gagné ! Ce n'est pas gagné, monsieur Stilton. IL FAUT VOUS ACCROCHER... ACCROCHER... ACCROCHER...

UN NUAGE DORÉ

Je me réveillai le MATIN suivant, à 6 h 50, avec les touches du clavier de mon **ordinateur** imprimées sur le museau.

Je fonçai à l'auto-école **« Conduite sûre, et même ultra-sûre »** pour ma cinquième leçon de conduite pratique. Pendant la première demi-heure, tout se passa au poil et Ratophe laissa **échapper** un demi-compliment :

– Pas mal, c'est presque gagné !

C'est alors que tout commença.

Tout à coup, j'entendis ululer les SIRÈNES de la police et, d'instinct, je me rangeai sur le bord de la route. Ce fut une chance, car un instant

AUTO-ÉCOLE

après un objet DORÉ passa comme un éclair sur ma gauche, rapide comme un missile !
Son moteur était silencieux, il n'émettait qu'un étrange GRONDEMENT, comme le ronron d'un chat. J'aurais aimé savoir qui conduisait ce MYSTÉRIEUX bolide, mais il roulait trop vite et je ne pus rien voir.

Je distinguai seulement le symbole d'un SOLEIL doré sur son capot, juste au-dessus du radiateur... Une voiture identique, couleur ARGENT, surgit alors juste derrière, filant à sa suite. Ratophe écarquilla les yeux et s'écria :

– Hééééé ?

Il ne put rien ajouter, car les sirènes se rapprochaient à toute allure, assourdissantes. C'était la police, lancée à la poursuite des deux voitures !

Une chose étrange se produisit alors. La voiture DORÉE était devant nous, bien visible sous les rayons du soleil qui la faisaient RESPLENDIR telle une étoile... Mais soudain nous entendîmes un CLIC, et elle... DISPARUT !

La voiture ARGENTÉE qui la suivait accéléra et, en quelques secondes, se perdit à l'horizon… Le VÉHICULE de la police abandonna alors la chasse et fit DEMI-TOUR, revenant vers nous. L'inspecteur Rakt en descendit, découragé, et s'approcha en marmonnant :

– *Par mille menottes rouillées*, elles nous ont échappé !

Il me demanda :

– D'après vous, monsieur Stilton, comment cette voiture a-t-elle fait pour DISPARAÎTRE ?

Je secouai la tête, réfléchissant.

– C'est un véritable MYSTÈRE. Mais selon moi un dispositif a été activé. Vous avez entendu ce **DÉCLIC** juste avant qu'elle se volatilise ? Comme si on avait déclenché une sorte de **MÉCANISME**…

Je me retournai pour demander son avis à Ratophe,

mais celui-ci s'était éloigné et téléphonait à quelqu'un (*mais à qui ?*), CHUCHOTANT quelque chose (*mais quoi ??*) avec un air de conspirateur (*mais pourquoi ???*).

Puis il se tourna vers moi et s'exclama, **IMPATIENT** :

– La leçon est terminée, monsieur Stilton. Rentrons immédiatement, j'ai une affaire à traiter de toute **URGEEEENCE** !

TU PEUX M'A-PPE-LER SOL !

Je remontai dans la voiture en me demandant pourquoi Ratophe semblait soudain si ANXIEUX... Lorsque nous arrivâmes devant l'auto-école, je lui lançai, comme les jours précédents :
– Au revoir, Ratophe, à demain !
Sans même se retourner, il me CRIA :
– Non ! Pas de leçon demain, j'ai bien d'autres choses à faire !
Alors je retournai au bureau. J'y travaillai toute la journée pour préparer l'événement avec le maire (*il me restait très peu de temps !*) et je relus les épreuves de la brochure éducative sur la sécurité routière. Mais le soir venu, en rentrant à la

maison, je repensai, perplexe, à l'étrange affaire de ce matin : ces deux étranges bolides qui se poursuivaient...

J'étais presque arrivé à la porte de chez moi, quand j'entendis un bruit bizarre : **CLIC !**

Je fis un bond en poussant un cri de STUPEUR (*et de terreur, je l'avoue !*) au moment où, juste derrière moi, apparaissait soudain une ÉBLOUISSANTE nuée lumineuse... Au centre de celle-ci luisait la mystérieuse voiture dorée !

La voiture ACCÉLÉRA et me dépassa : elle était suivie par la voiture ARGENTÉE que j’avais déjà vue le matin ! Elles semblaient s’être lancé un DÉFI, et d’instinct j’espérai la victoire de la voiture dorée. Allez savoir pourquoi, j’avais le sentiment qu’elle était en danger… Il fallait que je l’aide !

Aussi, sans réfléchir, j’arrêtai un taxi et je me lançai à leur poursuite (*rappelez-vous que je n’avais plus mon permis !*). Par chance, la nuit était tombée : il n’y avait plus personne dans les

rues de Sourisia et le taxi n'eut pas trop de mal à suivre les deux bolides…
C'est alors que la voiture DORÉE disparut dans la nuit, tandis que l'argentée continuait sur sa LANCÉE.
Le chauffeur s'écria :
– Aaaaaah, une voiture fantôme !
Il voulut me débarquer sur-le-champ, mais je lui promis de lui PAYER le double du prix de la course s'il acceptait de poursuivre. Nous suivîmes donc le bolide argenté, qui se dirigeait vers les JARDINS publics. Nous fonçâmes sur les

grandes avenues arborées qui longent le parc. Et c'est là, à cet endroit précis, après le même **CLIC** bizarre, que la mystérieuse voiture dorée se matérialisa à nouveau !

Elle réapparut juste devant nous, toujours talonnée par la voiture couleur **ARGENT** !

Cette fois-ci, elles ne nous sèmeraient pas !

Nous nous **CRAMPONNÂMES** à la suite du bolide argenté et je m'aperçus alors que, s'il y avait un pilote à son bord, au volant de la voiture dorée... il n'y avait personne !

Comment était-ce possible ???

Tout à coup me vint une idée pour arrêter cette course folle. Voyant qu'un peu plus loin l'avenue sur laquelle nous filions s'**élargissait**, j'ordonnai au chauffeur :

– Doublez ce véhicule, vite !

Il doubla la voiture argentée, puis ralentit brusquement. Pour nous éviter, elle fut obligée de braquer, et elle s'engagea dans une voie transversale. La voiture DORÉE en profita aussitôt pour tourner du côté opposé, disparaissant dans une rue adjacente. Sa poursuivante ARGENTÉE dut cette fois renoncer, et elle se perdit dans la nuit.

Le chauffeur de taxi pila, terrorisé, en hurlant :

– J'en ai ma claque de cette histoire de voiture FANTÔME !

Puis il me jeta hors de son taxi et DÉCAMPA.

– Je vous envoie la note chez vous, monsieur

Stilton ! Et attendez-vous à ce qu'elle soit SALÉE !

Là-dessus, il partit, me laissant seul comme un pauvre IMBÉCILE...

Par mille mimolettes, quelle expérience !

J'avais réussi à mettre un terme à une dangereuse course-poursuite entre deux bolides rivaux... et j'étais assez content de cela.

Cependant, je n'arrivais pas à comprendre ce qui s'était réellement passé... C'ÉTAIT UN VRAI MYSTÈRE !

Soudain dans mon dos s'éleva une voix métallique. Elle ne prononça qu'un seul mot :

– MER-CI.

L'espace d'un instant, j'eus la vague impression d'entendre ma sœur Téa…

Je sursautai en me retournant d'un bloc, tout en couinant :

– Scouiiit ! Qui a parlé ?

Derrière moi, je ne vis que la voiture DORÉE.

Ma première pensée fut : « Mais comment a-t-elle

fait pour SURGIR comme ça de nulle part ? »
La deuxième fut : « S'il n'y a personne d'autre ici que moi et cette VOITURE... eh bien... c'est que c'est cette VOITURE qui a parlé ! »
Je pensai que, peut-être, j'étais en train de rêver, alors, comme ça, juste pour vérifier, je me tirai un poil de moustache, et comme j'eus horriblement mal, j'en déduisis que j'étais tout à fait éveillé.
Elle me parla de nouveau :
– JE SUIS SO-LAR, UNE VOI-TURE-RO-BOT. TU PEUX M'A-PPE-LER SOL. ET TOI, QUI ES-TU ? me demanda-t-elle avec cette voix si familière (*on aurait vraiment dit celle de Téa, comme c'était bizarre !*).
De stupeur, j'en restai bouche bée. Non seulement cette voiture parlait, mais en plus elle avait un nom : SOL.
Dès que j'eus repris mes esprits, je lui répondis :
– Euh, mon nom est Silton, Geronimo Stilton.

Sol reprit :

– **HEM… TU M'IN-SPI-RES CON-FIAN-CE, GE-RO-NI-MO STIL-TON. VEUX-TU DE-VE-NIR MON PI-LO-TE ?**

Confus, je bredouillai :

– Euh, certes, pourquoi pas, mais bien sûr, enfin oui, c'est-à-dire, peut-être, disons que… J'ai un petit **PROBLÈME** : je n'ai plus mon permis de conduire !

Le secret de Sol

La voiture-robot Solar me coupa et m'ordonna :

– Je vais con-dui-re ! Con-ten-te-toi d'ê-tre mon pa-ssa-ger en a-tten-dant d'a-voir re-pa-ssé ton per-mis, a-lors tu se-ras mon pi-lo-te. Main-te-nant, mon-te à bord, je t'em-mè-ne dans un en-droit se-cret, ma mai-son à moi…

Sol roula longtemps, et son moteur RONFLAIT doucement tandis qu'elle avalait les kilomètres. Elle était tellement SILENCIEUSE que je m'endormis sur la banquette arrière pendant qu'elle effectuait toute seule les manœuvres nécessaires à la conduite. Je ne me RÉVEILLAI que lorsqu'elle stoppa dans un quartier dont je tairai le nom, dans une rue dont je tairai le nom, à un numéro que je ne vous dirai pas, car j'ai donné ma parole de rongeur que je ne les RÉVÉLERAI jamais (*et je tiens toujours ma parole !*). Je peux seulement vous dire qu'un rideau de fer se souleva et que Sol pénétra dans une pièce rectangulaire étroite et longue, qui se mit à descendre LENTEMENT... C'était un ascenseur !

L'ascenseur s'arrêta, la paroi devant nous s'ouvrit et nous nous retrouvâmes dans un IMMENSE hangar où une foule de techniciens s'activaient autour de machines bizarres.

LIQUIDE DE REFROIDISSEMENT GÉLIFIÉ À BULLES DE FAISSELLE PRESSURISÉE
Par mille mimolettes !
Professeur ! L'impact ratronique est égal à ∑ 5 491 !!!
Merci !
Et voilà le dernier chargement !

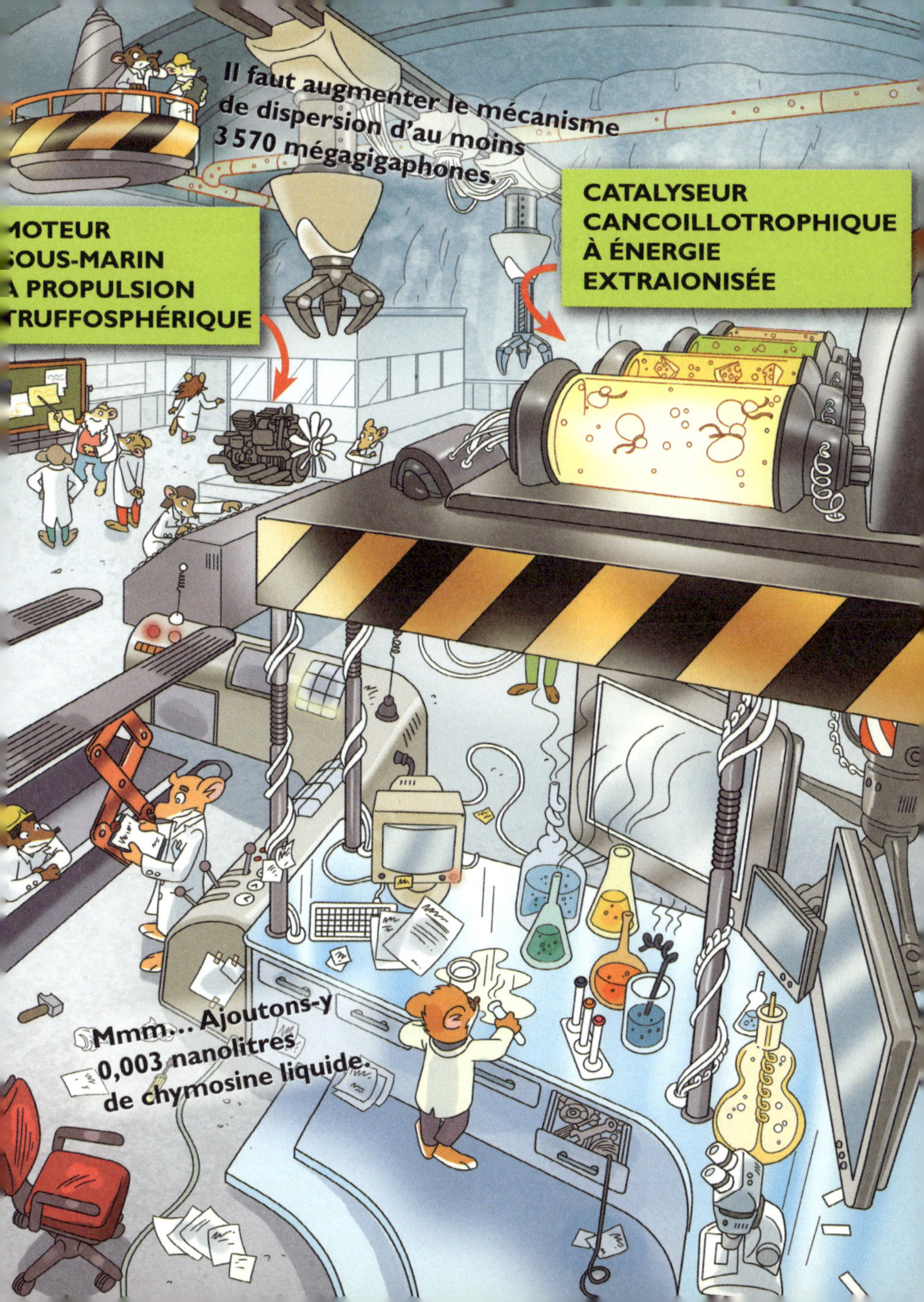
Il faut augmenter le mécanisme de dispersion d'au moins 3 570 mégagigaphones.
CATALYSEUR CANCOILLOTROPHIQUE À ÉNERGIE EXTRAIONISÉE
MOTEUR SOUS-MARIN À PROPULSION TRUFFOSPHÉRIQUE
Mmm... Ajoutons-y 0,003 nanolitres de chymosine liquide.

C'était un mystérieux laboratoire scientifique ! Je me demandai quel genre d'expérience on pouvait bien y mener… J'allais poser la question à Sol, mais quand je me retournai vers elle, je vis qu'elle s'était éloignée.

En VROMBISSANT sourdement, elle s'était approchée d'un rongeur vêtu d'une blouse qui travaillait, concentré, sur une paillasse recouverte d'éprouvettes pleines de liquides multicolores.

Sol s'écria :

– PA-PA !

Il se retourna et cria :

– Sol !

C'est alors que je le reconnus. C'était le professeur Volt ! Je ne pus RETENIR une exclamation de surprise :

– Mais que faites-vous ici, professeur ?

Il arborait un sourire énigmatique.

– Heureux de vous revoir, cher ami ! Ainsi, vous

avez découvert ma dernière INVENTION : Solar, la première voiture-robot parlante au monde ! C'est un prototype expérimental très précieux. Merci de me l'avoir ramenée saine et sauve !

Sol grommela :

– BOF, JE M'EN SE-RAIS SÛ-RE-MENT SORTIE TOU-TE SEU-LE ! MAIS IL S'EST BIEN DÉ-BROU-ILLÉ, C'EST VRAI. ET IL EST TRÈS GEN-TIL, J'AI-ME BIEN CET-TE SOU-RIS.

Volt lui fit une caresse sur le capot, et murmura à mon oreille :

– Solar fait partie d'un projet secret pour combattre les méchants à Sourisia ! Les MEILLEURS scientifiques de toute l'île des Souris y ont collaboré. Sans vantardise aucune, tous sont membres de la famille Volt…

Puis il pressa un BOUTON rouge et parla dans le micro qui avait surgi d'un portillon :

– Réunion d'urgence au laboratoire n° 2 !

L'instant d'après, deux rongeurs essoufflés accoururent. L'un avait les cheveux roux, des petites lunettes au bout du museau et la lettre D brodée sur sa blouse. Je le reconnus aussitôt : c'était Deutérium, le neveu du professeur Volt ! L'autre était un rat aux yeux BRILLANTS comme des olives noires et aussi perçants que des lames… C'était bien lui, Ratophe Bonpilote !

Je m'exclamai :

– Ratophe ? Mais que faites-vous ici ???

Le professeur Volt s'étonna :

– Geronimo, vous connaissez déjà mon cousin Ratophe ? C'est un ingénieur mécanicien émérite, et aussi un… moniteur d'auto-école !
À leur suite survint une rongeuse à la chevelure cuivrée et aux yeux vert émeraude : c'était la prof Point Doc. Giga, dite Doc, la plus grande experte en informatique de l'île des Souris… et aussi, je le découvris ce jour-là, la cousine au deuxième degré du professeur Volt !
Enfin déboula le petit robot Rob-O, que j'avais

LA MYTHIQUE FAMILLE VOLT

rencontré lors de mon voyage dans le temps à la recherche du miroir de Cléopâtre.

Le professeur Volt, solennel, déclara alors :

– Bien ! Nous sommes tous là ! Maintenant, nous allons soumettre Sol à un contrôle pour nous assurer qu'elle n'a pas subi de DOMMAGES. Geronimo, si vous le souhaitez, je peux vous faire raccompagner chez vous…

Mais Sol lança :

– NON, IL RES-TE ICI. JE VEUX QU'IL DE-VIE-NNE MON PI-LO-TE.

Ratophe Bonpilote s'écria :

– Lui ? Un pilote ? Mais il conduit comme un cochon (je suis bien placé pour le savoir) ! Il doit même repasser l'examen du permis de conduire (et je doute qu'il le réussisse) !!!

C'EST LUI QUE JE VEUX, RIEN QUE LUI, SEU-LE-MENT LUI !

Sol insista, capricieuse :

– C'EST LUI QUE JE VEUX, RIEN QUE LUI, SEU-LE-MENT LUI... GE-RO-NI-MO STIL-TON !

Je me tournai vers elle.

– Euh… Ratophe a raison, je conduis vraiment comme un cochon… et je dois repasser l'examen du permis de conduire !

Mais Sol s'obstina, déterminée :

– JE VEUX STIL-TON ! STIL-TON OU RIEN.

Saprisouristi, sacré petit caractère… Elle me rappelait décidément ma sœur Téa !

Volt soupira :

– C'est bon, mais avant cela Geronimo devra potasser le manuel d'instructions de Sol. Et réussir l'examen pour renouveler son PERMIS DE CONDUIRE…

Le professeur s'adressa à Ratophe :

– S'il te plaît, organise-lui un examen demain à l'AUBE, avant que Sol ne parte pour sa prochaine mission.

La voiture se dirigea vers l'atelier de mécanique, mais d'abord elle lança un coup de klaxon joyeux ! Biiiip !

Les techniciens commencèrent aussitôt à l'examiner.

Quant à moi, je me mis sur-le-champ à réviser le code, avant d'attaquer le manuel d'instructions de SOL. *Par mille mimolettes*, il faisait au moins un mètre et demi d'épaisseur !

SOLAR, LA VOITURE DU FUTUR

Solar, Sol pour les amis, est la première voiture-robot parlante au monde

- Elle peut devenir invisible grâce à un écran réflecteur super puissa
- Grâce à des lunettes-miroir dorées très spéciales, elle entre en liaison télé thique avec son pilote ; tous deux fusionnent et deviennent invincibles !
- Elle ne pollue pas et ne produit aucun bruit !!!

Projecteur home cinéma incorporé au toit.

Moteur : 333 chevaux avec propulsion à énergie solaire.

Capot 3 en 1 se transforme en paire de patins à roulett en skate-board et en moto pliable.

Le médaillon en or massif sur le radiateur, en forme de soleil, est un radar détectant tous les obstacles possibles.

Garde-robe avec vêtements de rechange pour toutes circonstances.

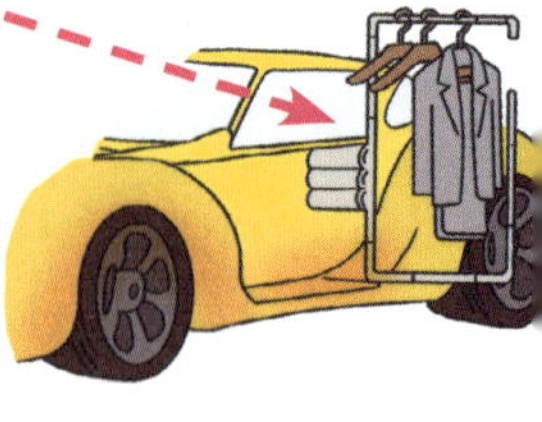

Espace salle de bains enchâssé dans le coff avec baignoire et douche hydro-massante.

Système antivol avec poignée incandescente
et volant à secousse électrique.
En cas d'effraction, le voleur est expulsé
par siège éjectable !

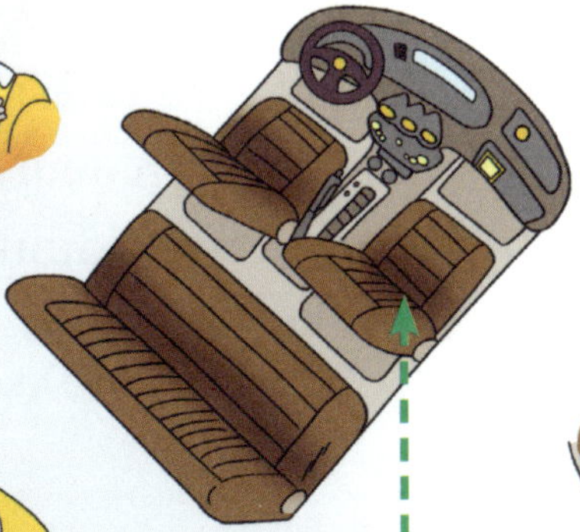

Espace bureau,
avec bibliothèque
bien remplie
pour inspirations
soudaines.

ges climatisés :
es l'hiver,
l'été.

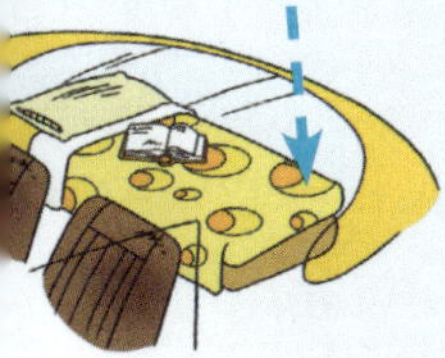

Espace sommeil,
avec matelas orthopédique
pour doux rêves.

utes les parties
talliques
Sol sont
or massif !!!

Le tableau
de bord est orné
d'une photo
du professeur Volt.

rdinateur
bord pilote
omatique.

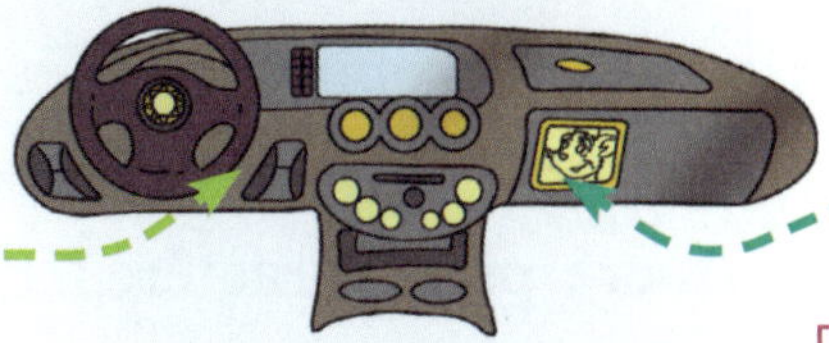

Four à pizzas,
quiches
et tartes flambées.

pace casse-croûte,
ec boissons fraîches
échantillons
fromages.

Volt m'apprit que Sol était une **voiture-robot** équipée de microcircuits à microdiffusion microsourisée et de ratatinateurs stratopolarisés mégaratatouillés extrabidouillotés à muridavage protopouète fliburgoprotane (JE N'Y COMPRENAIS QUE POUIC, VOUS VOUS EN DOUTEZ BIEN !).

Tout ce que je pus saisir, c'est que les circuits composant le *cerveau* électronique de Sol avaient été construits sur le modèle du cerveau de… ma sœur Téa.

Le professeur m'expliqua :

– J'ai cherché à **imiter** le cerveau de la rongeuse la plus douée et la plus dynamique de Sourisia : votre propre sœur, Téa !

Par mille mimolettes, voilà pourquoi Sol avait ce sacré petit caractère ! Et pourquoi sa façon de parler me rappelait celle de Téa ! C'était aussi la raison pour laquelle Sol et moi étions si **liés** !

Je découvris aussi grâce au manuel que Sol était pourvue de tout le CONFORT possible : sur l'intérieur du toit, on pouvait projeter comme sur un écran tous les FILMS du monde ; la stéréo diffusait une relaxante musique d'ambiance adaptée à l'humeur du pilote ; elle faisait les photocopies et envoyait les fax, et savait aussi faire le café (*de trente-trois façons différentes, même avec de la crème et du piment !*), cuire des BISCUITS aux amandes et des pizzas (*y compris celle aux trois fromages, ma préférée !*).

En pressant un bouton, on transformait l'un des sièges avant en lit CONFORTABLE avec un matelas douillet et une minuscule table de nuit avec lampe de chevet incorporée.

Le coffre contenait une salle de bains lilliputienne, équipée de tout le nécessaire : baignoire et sels de bain ÉNERGISANTS ou délassants selon les besoins, douche, toilettes et lavabo muni de brosse à dents et de dentifrice !

En cas de crise de faim, on trouvait une kitchenette avec des fourneaux, un four et un petit garde-manger rempli de fromages exquis de toutes sortes... Le siège avant pouvait aussi devenir un minuscule bureau avec une bibliothèque miniature et une microtable pour les inspirations soudaines ! Pour un écrivain comme moi, c'était le comble du luxe... Wouaouh ! Je terminai ma lecture quand arriva Ratophe ; je lui demandai donc :

– Alors, vous avez achevé le contrôle de Sol ?

Il SECOUA la tête.

– Encore quelques petits tests... et *elle* sera prête. Et *toi*, es-tu prêt ? As-tu étudié pour l'examen de conduite ? As-tu lu le gigamanuel pour apprendre à piloter Solar ?

Je lui répondis, les moustaches vibrantes d'anxiété :

– J'ai fait de mon mieux ! Mais j'aurais bien besoin d'un peu plus de temps... Et malgré le gigamanuel, je n'ai pas compris comment Sol faisait pour DISPARAÎTRE.

C'est Volt qui me répondit :

– C'est simple. Elle émet un écran RÉFLECTEUR qui réfléchit le milieu ambiant et lui permet de s'y camoufler.

Je m'exclamai, ENTHOUSIASTE :

– Fantasouristique ! Et l'autre voiture, couleur argent, elle aussi peut disparaître ?

Ratophe lâcha, MÉLANCOLIQUE :

– Cette voiture s'appelle Lunar, et non, elle ne peut pas disparaître.

Puis il tira une photo de son portefeuille.

– Voici ma sœur, MARPESSA. Elle travaillait avec nous à la conception de Solar… Elle était l'une des meilleures informaticiennes de l'île des Souris.

Il poussa un soupir ATTRISTÉ.

– Mais un jour Marpessa me

proposa d'utiliser Solar pour commettre des vols impossibles à réaliser sans elle. Bien entendu, je refusai… Du coup, elle tenta de dérober Sol, mais celle-ci comprit ce qui se passait et mit en route tous ses systèmes de SÉCURITÉ.

Le professeur intervint :

– Quand nous avons conçu Solar, nous l'avons dotée d'un code éthique qui lui interdit d'accomplir une action MALHONNÊTE !

Ratophe reprit :

– Hélas, Marpessa décida de s'emparer du projet pour construire une autre voiture, semblable à Solar mais dépourvue de son code ÉTHIQUE… Elle essaya d'abord de DÉTRUIRE Sol, qui déjoua sa machination en déclenchant le signal d'alarme. Alors Marpessa s'ENFUIT avec les plans volés… et heureusement une page lui échappa et se perdit : c'était la page portant les instructions pour rendre la voiture invisible ! Voilà pourquoi Lunar, que Marpessa a construite, ne peut pas disparaître. Et pourquoi, depuis, elle cherche sans cesse à capturer SOLAR : afin de découvrir le secret de son invisibilité et de la détruire !

MISSION GERSOLAR 1 !

J'étais abasourdi par ce que je venais d'entendre. Quelle histoire **INCROYABLE** ! Et quelle rongeuse nuisible que cette Marpessa !

Ratophe me tira de mes pensées :

– Et maintenant, adieu **TRISTESSE** ! Tu vas partir pour ta première mission comme pilote de Sol. Nous l'appellerons : **MISSION GERSOLAR 1.** Mais avant de te laisser conduire Solar (*et de lancer sur les routes de Sourisia un automobiliste aussi piteux que toi*), tu dois repasser ton permis de conduire. Es-tu prêt ? C'est le moment de commencer l'**examen**.

Mes moustaches FRISSONNAIENT d'émotion et de trouille lorsque Ratophe me tendit une feuille de papier.
– Pour réussir l'examen théorique, tu devras :
1. répondre à dix questions, dix
2. ne pas commettre une seule erreur, pas une !
L'examen pratique, tu le passeras en conduisant Sol. Pendant les vingt premières minutes de la mission, nous te tiendrons à l'ŒIL grâce à des caméras cachées, et si tu fais des fautes de conduite, nous te coincerons immédiatement ! Mets-toi bien dans la tête que :
1. si tu conduis bien, ton permis sera renouvelé
2. si tu conduis mal, Sol t'éjectera de son habitacle. Et ton permis ne sera pas renouvelé !
Je répondis :
– Scouiiit, je ferai de mon mieux !
Je m'attaquai sur-le-champ à l'épreuve théorique… et (*incroyable !*) parvins à répondre aux dix questions sans commettre une seule erreur.

Ratophe me fit des **compliments** et ricana :

– Bravo, Geronimo ! Maintenant, passons aux choses sérieuses : l'examen pratique ! Es-tu prêêêt ?

À cet instant précis, **SOL** s'avança vers moi en roulant au pas. À côté d'elle se tenait mon amie Doc et ses grands yeux verts firent bondir mon **CŒUR** !

Sol fit une engageante petite accélération, puis elle me dit :

– **A-LORS, STIL-TON, TU MON-TES OU TU NE MON-TES PAS ?**

Doc me fixa droit dans les yeux.

– À toi de jouer ! Au boulot !

Ratophe renchérit :

– Tu dois réussir l'examen de conduite, sans quoi nous sommes dans la panade ! Sol ne veut que toi comme pilote ! Rappelle-toi que vous formez une équipe et qu'ensemble vous pourrez accomplir des missions impossibles !

Le professeur Volt me supplia :

– Prenez soin d'elle : c'est un prototype unique au monde…

Je posai la main sur mon cœur.

– Parole de rongeur, je la défendrai au péril de ma vie.

Il ajouta :

– Je vous demande de ne jamais révéler où se trouve le laboratoire secret.

Je le lui promis :

– Je ne le révélerai à personne, parole de rongeur !

Volt, Doc et Ratophe clamèrent en chœur :

– La MISSION GERSOLAR 1 peut commencer (*et aussi ton examen de conduite !*).

Je balbutiai :

– Euh… et en quoi consiste-t-elle, cette mission ?

Ratophe SOUFFLA :

– Capturer Lunar, récupérer la rivière de diamants

de la reine Chrysophile et la rapporter au Musée de Sourisia.

– Heiiiin ? M-mais c'est impossible, demain matin, j'ai un rendez-vous officiel avec le maire !

Sol intervint, tranquille :

– NOUS DE-VRONS DONC RÉ-SOU-DRE L'A-FFAI-RE EN U-NE SEU-LE NUIT !

Volt me tendit alors une étrange paire de lunettes-miroir dorées.

– Avec ceci, Sol et toi COMMUNIQUEREZ plus facilement.

J'allais monter à bord, quand Ratophe s'approcha et me murmura :

– Si tu retrouves MARPESSA, tu me préviens ? J'aimerais bien la revoir, même juste un moment…

Je murmurai à mon tour :

– Promis.

Il ajouta :

– Bonne chance, Stilton ! Et applique-toi pour

l'examen de conduite, Stilton ! Ne me fais pas PERDRE la face, Stilton !
Enfin, je montai à bord, me glissai les lunettes sur le museau et... incroyable, tout à coup, je fus en connexion directe avec les circuits de Sol ! On aurait dit que nos deux cerveaux n'en formaient qu'un ! WAOUH !
L'ascenseur s'éleva en ronronnant, et nous nous retrouvâmes dans la rue. Nous vérifiâmes que personne ne nous avait vus, nous ENGAGEÂMES dans une rue transversale et la suivîmes

jusqu'au grand périphérique qui fait le **tour** de la ville de Sourisia.

C'est alors que Sol me parla, par télépathie :

– **C'EST GEN-TIL D'A-VOIR DIT QUE TU RIS-QUE-RAIS TA VIE POUR MOI... SA-CHE QUE JE FE-RAIS LA MÊ-ME CHO-SE.**

J'étais si ému que je ne pus que répondre :

– Merci.

– **DE RIEN. TRÊ-VE DE SA-LA-MA-LECS, AU BOU-LOT ! LA NUIT EST PAR-FAI-TE POUR TRA-QUER LU-NAR. ELLE A-GIT DE NUIT, CAR ELLE SE RE-CHAR-GE AUX RAY-ONS LU-NAI-RES...**

Puis la voiture connecta son ordinateur à un satellite artificiel en orbite au-dessus de Sourisia, qui lui fournissait toutes les informations en temps réel. **AUSSITÔT**, sur l'écran de l'ordinateur de bord, apparurent les **photos** prises par le satellite.

Sol les passa en revue à toute allure et, soudain,

repéra sur l'une d'elles une silhouette couleur argent. C'était Lunar ! Et elle se trouvait au port de Sourisia !

J'y conduisis SOL en faisant attention aux panneaux de SIGNALISATION et aux règles du code de la route (*je passais un examen !*). Puis, comme promis, je lui fis appeler Ratophe et l'informai que nous avions localisé Lunar au port. Hélas, quand nous y arrivâmes, il n'y avait nulle trace de la voiture.

Nous cherchâmes longtemps le long des jetées désertes, puis, au LEVER du soleil, nous nous dirigeâmes vers la zone balnéaire, découragés.

Tout à coup, Sol se figea devant des traces de freinage. Elle les examina et s'exclama :

– C'EST L'EM-PREIN-TE DES PNEUS DE LU-NAR !

Je regardai autour de moi, stupéfait.

– Hein ? Mais enfin, où est-elle passée ?

Sol actionna son écho-sondeur incorporé, afin d'inspecter le fond de la mer, et s'écria, triomphante :

– TROU-VÉE ! SUR LE FOND MA-RIN !

Je distinguai alors une lueur sous la surface de la mer…

Les eaux se mirent à bouillonner et… Lunar émergea, tel un énorme poisson d'argent !

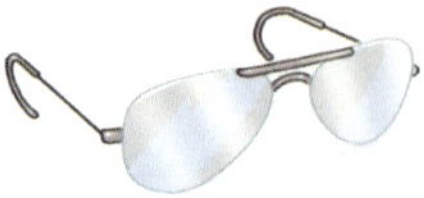

MARPESSA VON MARP

La voiture ARGENTÉE stoppa sur la plage, dégoulinante d'eau. Tout de suite, de puissants jets d'AIR chaud entrèrent en action et la séchèrent à la perfection.

Enfin, la portière côté conducteur s'ouvrit. Je vis apparaître une PATTE fuselée, chaussée d'une botte noire, puis une rongeuse grande et mince descendit du véhicule.

C'était MARPESSA VON MARP ! Elle avait de longs cheveux blonds et portait un justaucorps noir aux manches ornées de DENTELLE noire.

Autour de son cou brillait une rivière de diamants **gros** comme des noisettes… le joyau de la reine Chrysophile !

Elle ôta ses lunettes-miroir couleur argent (*les mêmes que les miennes, excepté la couleur !*) et j'aperçus ses yeux **glaçants** et cruels !

Juste à ce moment-là, quelqu'un murmura à mon oreille :

– C'est moi, Ratophe ! Tout d'abord, bravo : tu as réussi l'examen !

Il me fourra le PERMIS dans la patte, un permis valable, enfin ! Je ne pus le remercier, car à cet instant Marpessa PERSIFLA, ironique :

– Ratophe, tu as donc fini par me retrouver ! Vous avez été bien lents, ta Solar et toi !

Ratophe avait les larmes aux yeux.

– Tu n'as pas seulement changé d'allure, Marpessa. C'est ton cœur qui a changé. L'ambition t'a corrompue !

LUNAR, LA RIVALE

Lunar est la voiture jumelle de Solar, mais il lui manque une chos
très précieuse : on ne l'a pas équipée d'un code éthique !

Sa conceptrice est Marpessa von Marp, excellente ingénieure informaticien qui a utilisé les plans de Solar, à l'exception du code éthique, créant ainsi u voiture hors la loi ! Marpessa entend conquérir le titre de la voleuse la p habile de l'île des Souris, et elle est prête à tout pour cela !

Moteur : 333 chevaux avec propulsion à énergie lunaire.
Sa carrosserie argentée est extrêmement brillante et absorbe les rayons de la lune pour recharger sa batterie.

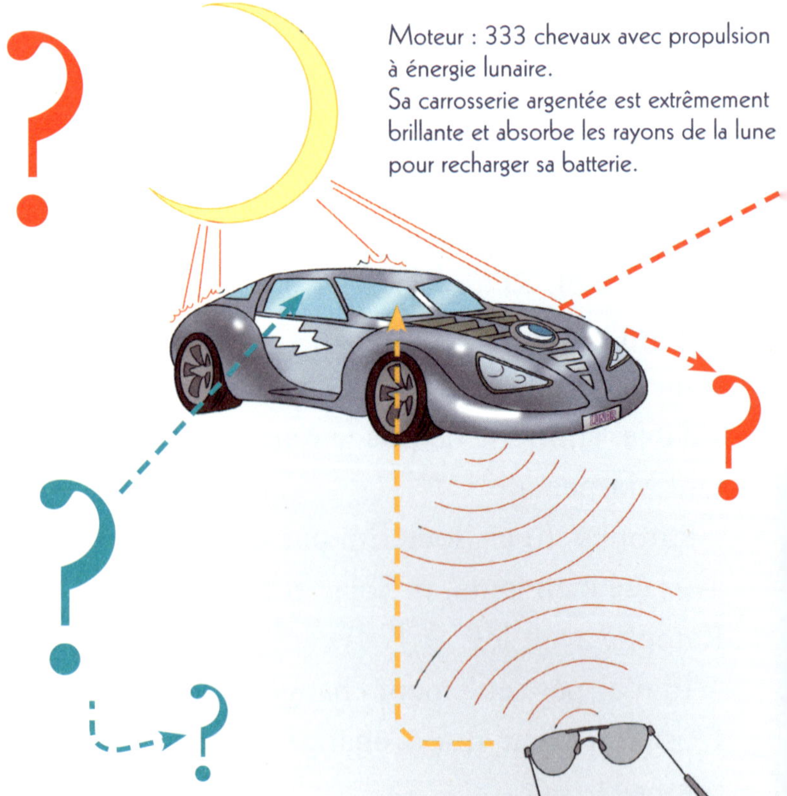

L'ordinateur de bord de Lunar est lui aussi connecté à son pilote grâce à une paire de lunettes-miroir argentées très spéciales.

Lunar ne peut pas disparaître en un éclair, parce que Marpessa n'a pas su recréer l'écran réflecteur qui rend Solar invisible.
Par chance, la page avec les instructions pour le construire a été perdue à jamais !

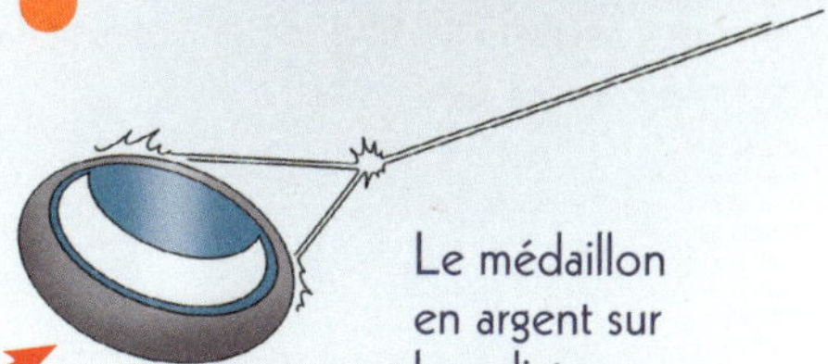

Le médaillon en argent sur le radiateur, en forme de lune, est un radar détectant tous les obstacles possibles.

Tous ses accessoires sont en argent massif…
Mais sont-ils identiques à ceux de Solar ?? Personne ne le sait !

Elle ricana :
– Toi, en revanche, tu es resté égal à toi-même, Ratophe. Imbécile et naïf.
Elle effleura de sa patte la rivière de diamants.
– Vois ce que j'ai obtenu grâce à Lunar ! Et ce n'est que le début ! J'ai de grands projets pour l'avenir…
– Rends-moi ce COLLIER ! lui ordonna Ratophe.
Mais sa sœur éclata de rire :

– Même pas en rêve, très cher. Cependant, je te lance un défi : un duel entre nos deux voitures. Si tu gagnes, tu remportes la rivière. Si c'est moi, je remporte SOLAR.

Indignés, nous voulûmes refuser, mais Solar répondit :

– JE RE-LÈ-VE LE DÉ-FI.

Les deux voitures se placèrent capot contre capot, et le duel commença…

Elles tentèrent tout d'abord de faire FONDRE leurs

circuits respectifs au moyen de terribles décharges électriques, mais leurs ordinateurs étaient protégés et inatteignables.

Lunar actionna ensuite un aimant surpuissant qui attira tous les objets métalliques des environs. Mes clés et les pièces de monnaie que j'avais en poche s'envolèrent.

Puis la boucle de ma ceinture fut si violemment aimantée que je me retrouvai collé moi aussi ! SCOUIIIIT !

Mais Solar intervint, en mettant un contre-aimant en route, et dégaina son arme secrète : une nuée de MOUCHERONS-ROBOTS capables de bloquer n'importe quel moteur !
En voyant cela, Marpessa dut s'avouer vaincue et cria, furibonde :
– Assez ! Vous avez GAGNÉ ! Mais vous allez voir…
Elle ARRACHA de son cou la rivière de diamants et la jeta dans la mer en couinant :

– Puisque vous la voulez tant, essayez donc de l'attraper ! Quant à moi, vous ne m'aurez jamais !
Sur ce, elle bondit à bord de Lunar, démarra et fila à toute vitesse.
J'étais DÉSESPÉRÉ, il me fallait choisir entre sauver le bijou et arrêter Marpessa. Finalement, je hurlai :
– Les diamants, vite !
Solar plongea illico et, d'une portière, déploya une épuisette avec laquelle elle récupéra le bijou avant que les eaux de la mer ne l'ENGLOUTISSENT.
Quand elle émergea et que tout fut fini, je me rendis compte que le soleil était déjà haut. Je regardai l'heure et chicotai, archi DÉSESPÉRÉ :
– Scouiiit, je dois être dans un quart d'heure devant la mairie de Sourisia ! J'ai rendez-vous avec le maiiire !

SOLAR

UN TRUC À FAIRE FRÉMIR LES MOUSTACHES…

Solar calcula le chemin le plus court pour rejoindre la mairie et Ratophe conduisit si habilement au milieu du TRAFIC que, tout en respectant les règles du code de la route, nous arrivâmes aux abords de la place juste au moment où l'HORLOGE de la tour sonnait huit heures et demie. Solar se gara non loin et attendit que je lui fasse signe.

Le maire était déjà là, avec mon grand-père Honoré et toute ma famille.

La presse était sur place également : journalistes, photographes, et l'ensemble des télévisions nationales et internationales. Je courus vers le maire, qui me dit :

– Monsieur Stilton, faites-nous maintenant une démonstration de conduite sûre ! Mais, dites-moi, avec quel véhicule avez-vous l'intention d'accomplir cette ÉPREUVE de conduite ?

Je claquai des doigts et Sol apparut.

Tous s'écrièrent :

– Oooooh !

Lorsque je la rejoignis au pied de l'estrade, les photographes se mirent à me MITRAILLER en me bombardant de questions :

– Monsieur Stilton, quel effet cela fait-il de conduire cette voiture ? Qui l'a conçue ?

Je souris, en caressant le capot de Sol, et répondis seulement :

– C'est un grand honneur d'être son pilote ! Quant à ceux qui l'ont conçue, je suis désolé, mais je ne peux vous le révéler : c'est un SECRET !

Puis je murmurai :

– Tu es prête, Sol ?

Je démarrai, et tandis que nous partions, elle me dit :

– **JE NE T'AI-DE-RAI PAS. DÉ-BROU-ILLE-TOI TOUT SEUL !**

Ainsi, je dus me lancer dans ce **REDOUTABLE** parcours d'obstacles sans le secours de Sol. Elle ne conduisit pas à ma place et ne

m'aida pas à surmonter une seule difficulté… Mes moustaches frémissaient de stress !
Afin de me calmer, je me répétai que, grâce à mon ami Ratophe Bonpilote, je venais de réussir les examens théorique et pratique de conduite ! Je pouvais y arriver ! Je devais juste garder mon CALME ! En me concentrant, je me souvins de tout ce que j'avais appris ces jours derniers.
Quand j'eus terminé, je descendis de la voiture en balbutiant :
– Co-comment ai-je été ?
L'agent qui surveillait le parcours annonça :
– Pénalité : ZÉRO ! Vous n'avez fait aucune faute !
Sur l'estrade, le maire me serra la patte.
– Félicitations, vous êtes un exemple pour nous tous !
Je repérai Ratophe parmi la FOULE et l'appelai sur l'estrade :
– Merci, cher ami. Sans tes leçons de conduite, je n'y serais jamais parvenu !

Il jubilait de gratitude, mais il n'en montra rien et me répondit à voix basse :

– Tout le mérite te revient, Geronimo, tu as été EXCELLENT !

Puis il ajouta à haute voix :

– Je suis heureux de vous annoncer que Geronimo Stilton et cette voiture unique au monde ont récupéré la rivière de diamants de la reine Chrysophile !

TU M'AS AIDÉ, À MON TOUR DE T'AIDER !

Les photographes firent crépiter leurs flashs lorsque Ratophe et moi remîmes aux pattes du maire la RIVIÈRE dérobée.
Après quoi, comme s'il se souvenait SOUDAIN

d'une tâche urgente, Ratophe prit congé et décampa en chicotant :

– Oups, désolé, il faut que je **file** installer les locaux de la nouvelle auto-école ! Je dois absolument finir les travaux aujourd'hui !

Je lui souris.

– **Vraiment ?** Je viens avec toi ! Tu m'as aidé, à mon tour de t'aider !

Alors je **rameutai** Téa, Traquenard, Benjamin et bien d'autres amis, dont Chacal, Patty Spring,

Pandora, Wild Willie, Farfouin, sans oublier toute la famille de Ratophe : le professeur Volt, Deutérium, Doc et même… Rob-O !

Nous travaillâmes de concert, dans la joie et la bonne humeur, et chacun participa.

Le lendemain, le siège de la nouvelle auto-école **«Conduite sûre, et même ultra-sûre»** était impeccable !

C'est ainsi, au milieu d'amis en fête, que se conclut cette aventure.

Ah, j'oubliais… Que vous soyez à pied, à bicyclette, à moto ou en voiture, RESPECTEZ toujours les règles du code de la route, car un jour elles pourraient vous sauver la vie !

Voulez-vous un coup de patte ?

Voici donc mon top 10 des règles de la sécurité routière !!!

LES DIX RÈGLES DE L'ÉDUCATION SUR LA SÉCURITÉ ROUTIÈRE

1. Respectez les panneaux de signalisation.
2. Traversez toujours sur les passages piétons.
3. Au feu, avant de traverser, attendez que le bonhomme soit vert.
4. Dans tous les cas, avant de traverser, regardez à gauche, puis à droite.
5. Marchez toujours sur le trottoir.
6. S'il n'y a pas de trottoir, marchez au bord de la route sur le côté opposé au sens de la circulation.
7. Quand vous roulez à bicyclette, portez toujours un casque de protection.
8. À bicyclette, tenez toujours votre droite et ne montez jamais sur le trottoir.
9. Vérifiez que vos pneus sont gonflés et vos phares en bon état, que vos freins fonctionnent bien et que votre catadioptre est propre afin d'être vus par ceux qui arrivent derrière vous.
10. En voiture, attachez votre ceinture de sécurité.

Par mille mimolettes, j'oubliais la règle d'or, la plus importante, valable pour tous, piétons, cyclistes et automobilistes...

ÉVITEZ LES ACROBATIES ET LES COURSES : LA ROUTE N'EST PAS UNE PISTE DE JEUX !

TABLE DES MATIÈRES

Geronimo Stilton

DANS LA MÊME COLLECTION

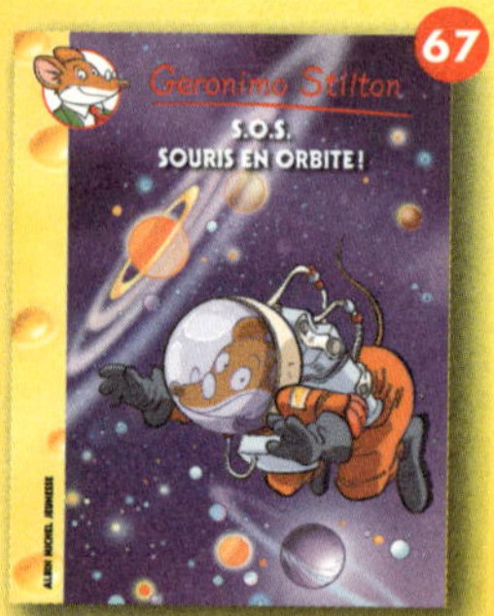

1. Le Sourire de Mona Sourisa
2. Le Galion des chats pirates
3. Un sorbet aux mouches pour monsieur le Comte
4. Le Mystérieux Manuscrit de Nostraratus
5. Un grand cappuccino pour Geronimo
6. Le Fantôme du métro
7. Mon nom est Stilton, Geronimo Stilton
8. Le Mystère de l'œil d'émeraude
9. Quatre Souris dans la Jungle-Noire
10. Bienvenue à Castel Radin
11. Bas les pattes, tête de reblochon !
12. L'amour, c'est comme le fromage...
13. Gare au yeti !
14. Le Mystère de la pyramide de fromage
15. Par mille mimolettes, j'ai gagné au Ratoloto !
16. Joyeux Noël, Stilton !
17. Le Secret de la famille Ténébrax
18. Un week-end d'enfer pour Geronimo
19. Le Mystère du trésor disparu
20. Drôles de vacances pour Geronimo !
21. Un camping-car jaune fromage
22. Le Château de Moustimiaou

23. Le Bal des Ténébrax
24. Le Marathon du siècle
25. Le Temple du Rubis de feu
26. Le Championnat du monde de blagues
27. Des vacances de rêve à la pension Bellerate
28. Champion de foot !
29. Le Mystérieux Voleur de fromage
30. Comment devenir une super souris en quatre jours et demi
31. Un vrai gentilrat ne pue pas !
32. Quatre Souris au Far West
33. Ouille, ouille, ouille... quelle trouille !
34. Le karaté, c'est pas pour les ratés !
35. L'Île au trésor fantôme
36. Attention les moustaches... Sourigon arrive !
37. Au secours, Patty Spring débarque !
38. La Vallée des squelettes géants
39. Opération sauvetage
40. Retour à Castel Radin
41. Enquête dans les égouts puants
42. Mot de passe : Tiramisu
43. Dur dur d'être une super souris !
44. Le Secret de la momie
45. Qui a volé le diamant géant ?
46. À l'école du fromage
47. Un Noël assourissant !
48. Le Kilimandjaro, c'est pas pour les zéros !
49. Panique au Grand Hôtel
50. Bizarres, bizarres, ces fromages !
51. Neige en juillet, moustaches gelées !
52. Camping aux chutes du Niagara
53. Agent secret Zéro Zéro K
54. Le Secret du lac disparu
55. Kidnapping chez les Ténébrax !
56. Gare au calamar !
57. Le vélo, c'est pas pour les ramollos !
58. Expédition dans les collines Noires
59. Bienvenue chez les Ténébrax !
60. La Nouvelle Star de Sourisia
61. Une pêche extraordinaire !
62. Jeu de piste à Venise
63. Piège au Parc des mystères

64. Scoops en série à Sourisia
65. Le Secret du karaté
66. Le Monstre du lac Lac
67. S.O.S. Souris en orbite !
68. Dépêche-toi, Cancoyote !

Et aussi...

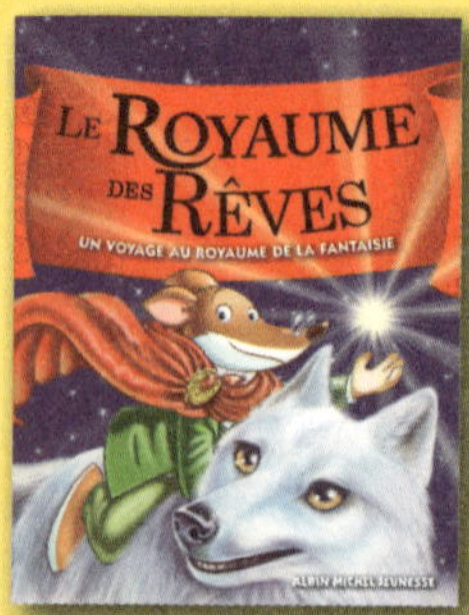

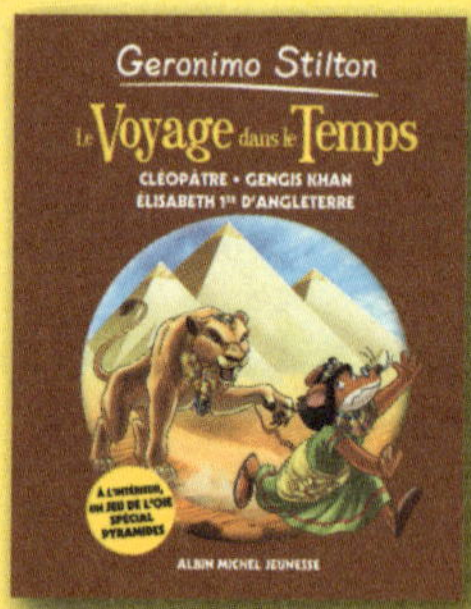

Le Voyage dans le temps tome I
Le Voyage dans le temps tome II
Le Voyage dans le temps tome III
Le Voyage dans le temps tome IV
Le Royaume de la Fantaisie
Le Royaume du Bonheur
Le Royaume de la Magie
Le Royaume des Dragons
Le Royaume des Elfes
Le Royaume des Sirènes
Le Royaume des Rêves
Le Secret du courage
Énigme aux jeux Olympiques

Les Préhistos
1. Pas touche à la pierre à feu !
2. Alerte aux métérorites sur Silexcity !
3. Des stalactites dans les moustaches !
4. Au trot, trottosaure !
5. Tremblements de rire à Silexcity

L'ÉCHO DU RONGEUR
L'ÉCHO DU RONGEUR
6
5
4
3
1
2
1. Entrée
2. Imprimerie
(où l'on imprime les livres et le journal)
3. Administration
4. Rédaction (où travaillent les rédacteurs, les maquettistes et les illustrateurs)
5. Bureau de Geronimo Stilton
6. Piste d'atterrissage pour hélicoptère

1
2
3
4
5
6
7
8
9
10
11
12
13
14
15
16
17
18
19
20
21
22
23
24
25
26
27
28
29
30
31
32
33
34
35
36
37
38
39
40
41
42
43
44
45
46
Fleuve Souris
Plage

Sourisia, la ville des Souris

1. Zone industrielle de Sourisia
2. Usine de fromages
3. Aéroport
4. Télévision et radio
5. Marché aux fromages
6. Marché aux poissons
7. Hôtel de ville
8. Château de Snobinailles
9. Sept collines de Sourisia
10. Gare
11. Centre commercial
12. Cinéma
13. Gymnase
14. Salle de concerts
15. Place de la Pierre-qui-Chante
16. Théâtre Tortillon
17. Grand Hôtel
18. Hôpital
19. Jardin botanique
20. Bazar des Puces-qui-boitent
21. Maison de tante Toupie et de Benjamin
22. Musée d'Art moderne
23. Université et bibliothèque
24. La Gazette du rat
25. L'Écho du rongeur
26. Maison de Traquenard
27. Quartier de la mode
28. Restaurant du Fromage d'or
29. Centre pour la Protection de la mer et de l'environnement
30. Capitainerie du port
31. Stade
32. Terrain de golf
33. Piscine
34. Tennis
35. Parc d'attractions
36. Maison de Geronimo Stilton
37. Quartier des antiquaires
38. Librairie
39. Chantiers navals
40. Maison de Téa
41. Port
42. Phare
43. Statue de la Liberté
44. Bureau de Farfouin Scouit
45. Maison de Patty Spring
46. Maison de grand-père Honoré

Vers le détroit du Rapt-à-Rat
Île Corsaire
Île Tortue
Galion des chats pirates
Ici passent les baleines
Atoll des îles Bienheureuses
Baie des Dauphins
Golfe de la Dent cariée
Archipel d'Égout putride
Barrière de corail
Port-Relen
Vers l'océan Ratonique méridional
Port-Beurk
Rade du Chat errant
Roquefort
Port-Souris
Vers la mer des Vibrisses vibrants
Ici, requins !
SOURISIA
Port-Croûton
Phare Pelliculeux
Île Épilée
Île des Souris
Épave affleurant
Vers la mer des Sourgasses
1
2
3
4
5
6
7
8
9
10
11
12
13
14
15
16
17
18
19
20
21
22
23
24
25
26
27
28
29
30
31
32
33
34
35
36
37

Île des Souris

1. Grand Lac de glace
2. Pic de la Fourrure gelée
3. Pic du Tienvoiladéglaçons
4. Pic du Chteracontpacequilfaifroid
5. Sourikistan
6. Transourisie
7. Pic du Vampire
8. Volcan Souricifer
9. Lac de Soufre
10. Col du Chat Las
11. Pic du Putois
12. Forêt-Obscure
13. Vallée des Vampires vaniteux
14. Pic du Frisson
15. Col de la Ligne d'Ombre
16. Castel Radin
17. Parc national pour la défense de la nature
18. Las Ratayas Marinas
19. Forêt des Fossiles
20. Lac Lac
21. Lac Lac Lac
22. Lac Laclaclac
23. Roc Beaufort
24. Château de Moustimiaou
25. Vallée des Séquoias géants
26. Fontaine de Fondue
27. Marais sulfureux
28. Geyser
29. Vallée des Rats
30. Vallée Radégoûtante
31. Marais des Moustiques
32. Castel Comté
33. Désert du Souhara
34. Oasis du Chameau crachoteur
35. Pointe Cabochon
36. Jungle-Noire
37. Rio Mosquito

Au revoir, chers amis rongeurs, et à bientôt
pour de nouvelles aventures.
Des aventures au poil, parole de Stilton, de...

Geronimo Stilton